한눈에 쏙! 지도로 보는 기후위기

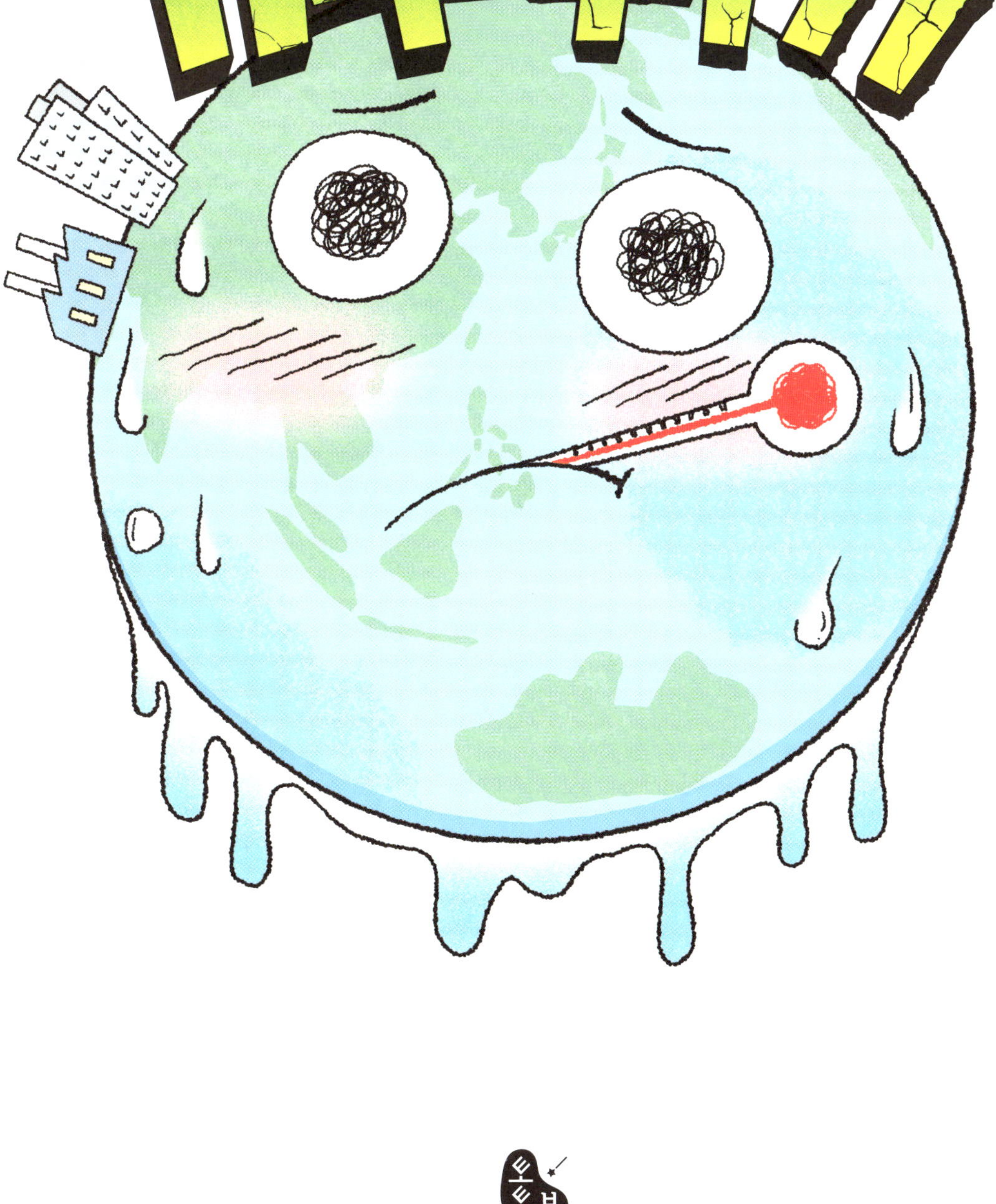

조지욱 글 · 김미정 그림

최재철 (재단법인 기후변화센터 이사장) · 환경과생명을지키는전국교사모임 추천

차례

작가의 말 04
추천의 말 05
프롤로그 06

1 지구의 기후에 빨간 불이 켜지다

둥글둥글 지구와 다섯 개의 기후 10

지구가 열이 난대요 12

기후가 위기라고요? 14

2 기후 변화를 일으키는 범인을 찾아라

와글와글, 사람들이 넘쳐 나요 18

화석 연료가 대체 뭐길래? 20

평생 마스크를 쓰고 살 순 없어요! 22

숲이 나무를 잃어버렸어요 24

고기반찬을 먹으면 왜 안 되나요? 26

3 기후가 변하면 어떤 일이 일어날까?

날씨가 고장 났나 봐요 30

불이야, 불이야! 32

세상이 바싹 타들어 가요 34

도시가 물에 잠겨요 36

바다가 병이 났어요 38

북극곰네 집이 사라진대요 40

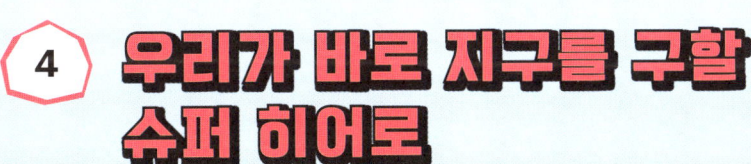

4 우리가 바로 지구를 구할 슈퍼 히어로

세계가 함께 약속해요 44

우리나라도 열심히 노력해요 46

나도 할 수 있어요 48

에필로그 50

작가의 말

기후 변화를 위해 우리가 해야 할 일

'기후 변화'란 말을 처음 쓴 건 벌써 30년도 전의 일이에요. 그때부터 국제 사회에서는 기후 변화에 대해 우리가 어떤 노력을 해야 할지 이야기를 나눴어요. 하지만 사람들은 "기후는 원래 변하는 거 아닌가?" "기후 변화가 무슨 뜻이야?" "기후 변화가 왜 문제라는 거야?"라며 대수롭지 않게 흘려 버렸지요. 그사이 세계 곳곳에서는 거센 태풍이 불어닥치고, 긴 가뭄이 산불을 불러일으키고, 여름이 되면 40도에 육박하는 고온 현상이 이어졌어요. 사람들은 일상을 빼앗아 버린 기후 위기에 허둥대기 시작했어요.

시시각각 변해 가는 기후 속 오늘날, 학교에서 학생들을 가르치는 선생님이자 어린이 책을 쓰는 작가는 어린이들을 위해 무엇을 할 수 있을지 생각해 보았어요. 그리고 기후 변화란 무엇이며, 기후 위기를 어떻게 극복할 수 있을지 알려 줘야겠다고 마음먹었지요. 이 책은 지도를 펼쳐 지구상의 기후 문제를 어린이들이 올바르게 알 수 있도록 도와줘요. 지난 200여 년에 걸쳐 시름시름 앓게 된 지구의 이야기를 같이 들어 보고, 다시 푸른 지구로 되돌릴 수 있는 실천 방법을 함께 살펴보아요.

2025.3

조지욱

추천의 말

지구에 살고 있는 모든 생명체를 위해 '세계적으로 생각'하고, '일상생활 속에서 실천'해요

《한눈에 쏙! 지도로 보는 기후 위기》는 어린이들이 기후 변화와 우리의 삶에 대해 쉽게 이해할 수 있도록 만든 책입니다. 기후 변화로 생존을 위협받는 북극곰과 펭귄을 따라 세계 곳곳을 누비며 기후 위기의 원인, 지역별 피해 유형과 문제 해결 방안 등을 재기발랄한 그림과 지도를 보며 재미있게 배울 수 있지요. 어린이들은 기본적인 기후 환경 용어들을 자연스럽게 접할 뿐 아니라 기후 문제가 범세계적 차원의 문제이자, 글로벌 파트너십을 통해 해결할 수 있음을 깨닫게 될 것입니다. 이로써 어린이들이 세계를 향한 꿈과 이상을 품고, 기후 위기 극복이라는 글로벌 과제를 위해 일상생활에서 실천할 수 있는 여러 가지 방법들을 되새겨 보겠지요. 초록별 지구의 지속 가능한 미래를 선도할 자신감도 얻게 될 거고요.

지구는 선조들에게 '물려받은' 것이 아니라 다음 세대로부터 '빌려 쓰는' 것입니다. 그렇기에 현재를 살아가는 우리는 기후 문제를 이해하고 기후 위기에 대처하는 삶을 살아야 하지요. 이 책은 열병에 신음하는 지구를 살리는 일에 동참하려는 사람들에게 소중한 동반자이자 길잡이가 되어 줄 것입니다.

재단법인 기후변화센터 이사장
최재철

1
지구의 기후에 빨간 불이 켜지다

지구에는 북극과 남극처럼 일 년 내내 얼음이 꽁꽁 얼 정도로 추운 날씨인 곳도 있고,
열대 우림처럼 가만히 서 있기만 해도 땀이 줄줄 흐를 만큼 더운 곳도 있어요.
우리나라처럼 봄과 여름, 가을과 겨울의 사계절이 나타나는 곳도 있지요.
이처럼 일정한 지역에서 여러 해에 걸쳐 되풀이되는 날씨 변화의 상태를
'기후'라고 해요. 기후는 해마다 반복되면서 수천, 수만 년에 걸쳐 아주 천천히 변해요.
그래서 기후를 말할 때는 최근 30년에 걸쳐 변해 온 결과를 기준으로 하지요.
그런데 말이죠, 최근에는 기후가 시시각각 빠르게 변하고 있어요.
대체 왜 이런 일이 생기는 걸까요?

음, 북극곰아.
우리 어디서부터
시작하면 될까?

글쎄…….
조금 막막하네. 일단
지구가 왜 이런지부터
알아봐야 할 것 같아.

둥글둥글 지구와 다섯 개의 기후

지구는 둥글고, 육지와 바다가 있어요. 이런 지구에 다섯 개의 기후가 나타나는 것은 태양 때문이에요. 지구가 기울어진 채로 태양 주위를 돌기 때문에 지구의 위치에 따라 햇볕을 받는 부분이 조금씩 달라져요. 태양에서 가장 가까워 햇볕을 많이 받는 적도 주변은 더운 기후가 나타나고, 태양에서 멀어 햇볕을 적게 받는 북극과 남극 주변은 추운 기후가 나타나지요. 적도와 극지방 사이 지역은 계절마다 받는 햇볕의 양이 달라 여러 가지 기후가 나타나요. 만약 지구가 네모나거나, 태양 주위를 돌지 않거나, 바다가 없이 육지로만 되어 있다면 지금과는 전혀 다른 기후가 나타날 거예요.

아시아

온대 기후

봄, 여름, 가을, 겨울 사계절이 뚜렷해요. 세계 인구의 절반 이상이 살고 있으며, 산업이 발달한 나라들이 많아요.

아프리카

건조 기후

사막이나 키가 작은 풀이 있는 초원이 많아요. 1년 강수량이 500밀리미터도 안 될 정도로 비가 적게 내려서 다양한 동식물이 살기 어렵지요.

적도: 북극과 남극에서 같은 거리에 있으며, 지구를 남과 북으로 나누는 선이에요.

인도양

오세아니아

매일매일 더운 열대 기후에 산다는 건 어떤 느낌일까?

난 다음 여름 방학 때 사막에 가 보고 싶어!

10

극지방: 지구의 북쪽 끝인 북극과 남쪽 끝인 남극의 주변 지역을 이르는 말이에요.

한대 기후

북아메리카 대륙의 그린란드나 남극 대륙처럼 극지방에 나타나는 가장 추운 기후예요. 눈과 얼음으로 덮여 있는 곳이 많아요.

북아메리카

냉대 기후

온대 기후와 한대 기후 사이에 나타나요. 겨울이 길고 춥지만 여름은 따뜻해서 식물이 자랄 수 있어요.

대서양

열대 기후

적도 주변에 나타나며 일 년 내내 덥고 비가 많이 내려요. 지구 생물의 절반 이상이 열대 기후 지역에 살아요.

태평양

우리나라 계절 길이가 변해 가요

우리나라는 기후 변화의 영향으로 여름은 점점 길어지고 겨울은 짧아지고 있어요. 약 100년 전과 비교해 최근 30년 동안 여름은 20일이 늘어나고, 겨울은 22일이 짧아졌어요. 봄이 시작하는 날도 17일이나 빨라졌어요. 2025년 봄에는 2021년에 이어 역대 두 번째로 벚꽃이 일찍 피었지요. 2024년부터 우리나라 기상청에서는 계절별 길이를 다시 조정하기 위한 논의를 시작했어요.

봄(85일)	여름(98일)	가을(73일)	겨울(109일)

과거 30년 (1912~1940년)

봄(91일)	여름(118일)	가을(69일)	겨울(87일)

최근 30년 (1991~2020년)

남아메리카

지구가 열이 난대요

지구는 우리가 보통 공기라고 말하는 대기에 둘러싸여 있어요. 대기 속에는 지구의 열을 밖으로 빠져나가지 못하도록 붙잡아 두는 여러 가지 온실가스가 있지요. 이 온실가스 덕분에 지구는 마치 유리온실처럼 생명체가 살기에 알맞은 온도를 유지할 수 있어요. 이것을 '온실 효과'라고 해요. 만약 온실 효과가 없다면 지구는 냉장고 안처럼 추워져서 동식물이 살아가기 어려운 환경이 될 거예요. 그런데 기술의 발전으로 공장과 자동차가 많아지면서 사람들의 석탄, 석유 사용이 늘어나 온실가스 배출이 증가하기 시작했어요. 대기 중에 가득 찬 온실가스는 더 많은 열을 가두어 지구의 평균 기온을 점점 높아지게 해요. 지구의 기온은 단 1도만 올라도 생태계가 변하고 수많은 사람들이 위험한 상황에 빠질 수 있어요.

태양은 빛과 열의 형태로 태양 에너지를 내보내요.

태양

지구에 닿는 태양 에너지의 일부는 지구 대기를 통과하지 못하고 우주로 내보내져요.

지구로 들어왔던 태양 에너지의 일부도 지구 표면에 반사되어 우주로 빠져나가요.

지구 표면에 도착한 태양 에너지의 대부분은 땅에 흡수되어 열로 바뀌고 지구를 따뜻하게 해 줘요.

정상적인 대기의 온실 효과

많아진 온실가스로 과도해진 온실 효과

우리나라 농수산물 지도가 바뀌고 있어요

우리나라의 기온은 세계 평균보다 더 빠르게 오르고 있어요. 높아진 기온 때문에 농작물의 재배지가 변하고, 바다에서 잡히는 물고기의 종류도 달라지고 있어요.

- **인삼** : 금산, 영주 -> 이천, 횡성, 홍천, 연천
- **사과** : 대구, 영천 -> 영월, 정선, 양구
- **복숭아** : 청도 -> 음성, 충주, 원주
- **포도** : 김천 -> 영동, 영월
- **단감** : 김해, 창원, 밀양 -> 칠곡, 영덕, 포항
- **감귤, 한라봉** : 제주 -> 고흥, 진주, 통영
- **오징어** : 제주, 남해안 -> 한반도 바다 전체
- **멸치** : 남해안 -> 한반도 바다 전체
- **참다랑어** : 제주도 주변에서 점점 많이 잡혀요
- **명태** : 동해안 -> 거의 잡히지 않아요

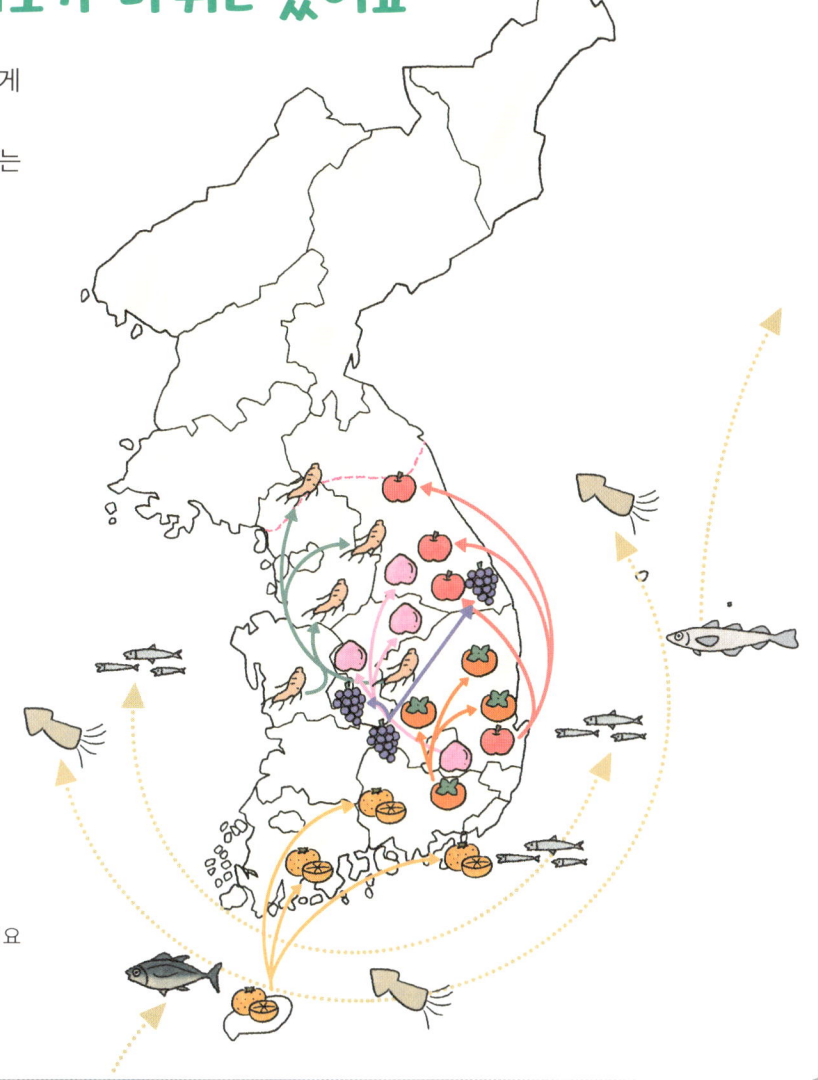

대기 중에 온실가스가 많아지면 지구로 들어왔던 태양 에너지가 우주로 빠져나가지 못하고 온실가스에 흡수돼요. 이렇게 대기에 머물던 태양 에너지가 되돌아와 지구를 더욱 뜨겁게 만들어요.

지구도 열에너지를 내보내요. 이 중 일부는 대기 중에 남아 지구를 따뜻하게 하고 나머지는 우주로 빠져나가는데, 많아진 온실가스가 열에너지를 우주로 나가지 못하게 가둬서 지구가 뜨거워져요.

기후가 위기라고요?

기후는 오랜 세월 동안 천천히, 그리고 계속해서 변해 왔어요. 기후가 변하면서 수많은 동식물이 사라졌다가 다시 태어나기를 반복했어요. 사람들은 기후 변화에 맞서 문명을 발전해 왔고요. 예나 지금이나 기후는 여전히 바뀌고 있어요. 그런데 왜 오늘날에는 '기후 위기'라며 걱정을 쏟아내는 걸까요? 그건 기후가 자연적으로 변화되는 것이 아니라 사람들의 욕심으로 바뀌고 있기 때문이에요. 끊임없이 발전하는 사회와 빠르게 변하는 기후에 동식물들은 적응할 새가 없어졌지요.

으으, 더는 못 참겠어!

지구를 뒤덮은 온실가스 이불

배출된 온실가스가 대기 중에 가득 쌓이면서 마치 이불처럼 지구를 겹겹이 뒤덮어요. 이 때문에 우주로 빠져나가야 할 지구의 열이 나가지 못하게 돼요.

바빠진 사람들

석탄이나 석유를 사용해 공장과 자동차를 움직이고, 숲을 파괴하고, 농장을 지나치게 늘리는 등 사람들의 산업 활동이 온실가스를 만들어 내요.

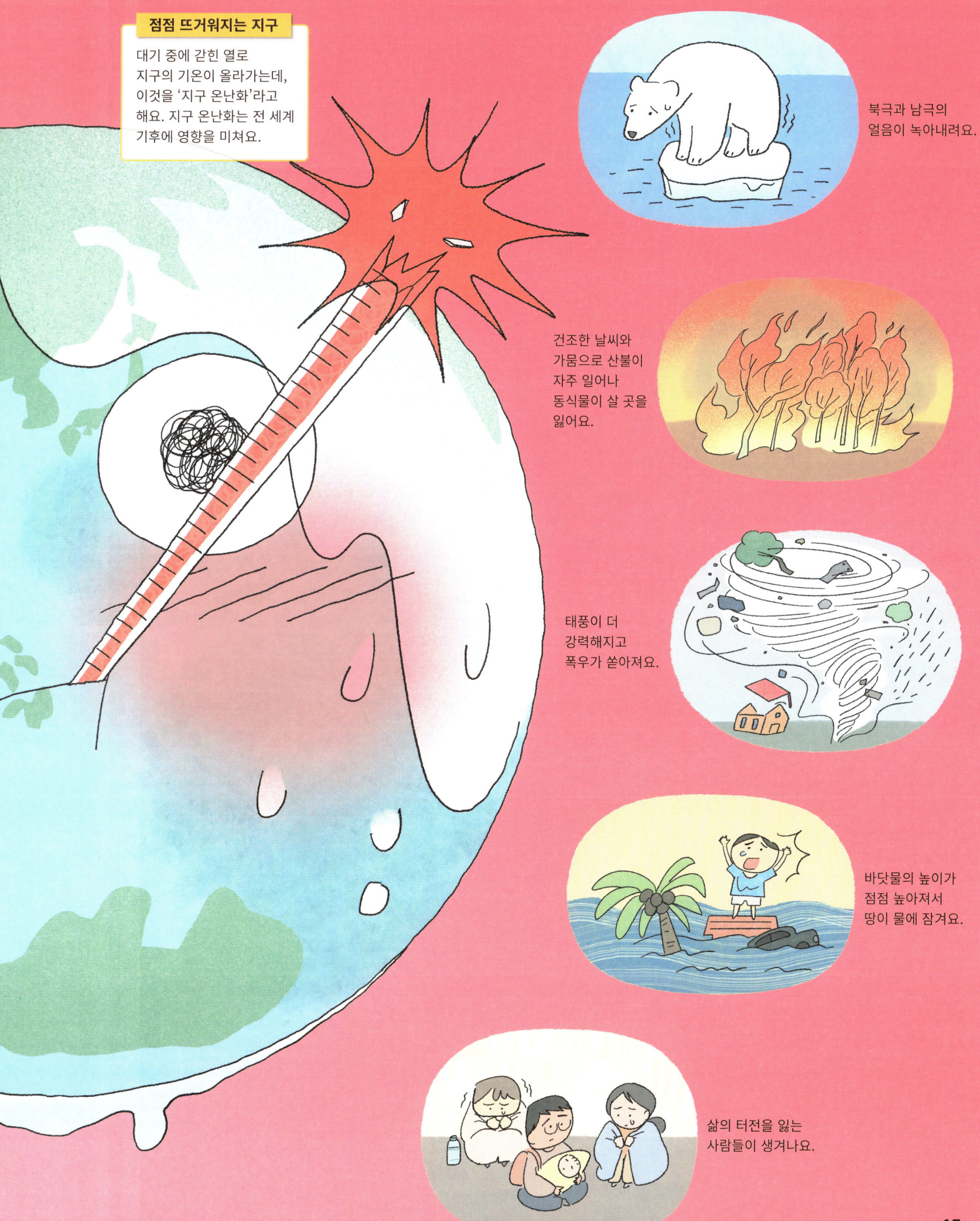

2
기후 변화를 일으키는 범인을 찾아라

필요한 물건이 있으면 자연에서 구하거나 스스로 만들어 쓰던 시절에는 기후 위기란 말이 없었어요. 그러다가 도시가 생기고, 사람들이 너도나도 할 것 없이 도시로 모여들자 기후에 위기가 찾아왔지요. 기후 변화에 가장 커다란 영향을 미친 것은 '도시의 탄생'이 아닐까요? 도시에서 살아가는 사람들의 생활 변화를 살펴보고, 기후 위기의 범인을 찾아보아요!

> 와, 여기가 말로만 듣던 도시라는 곳인가 봐. 사람들 엄청 많다.

> 자동차들도 가득하네. 도시는 정말 북적거리는 곳이구나.

와글와글, 사람들이 넘쳐 나요

세계 인구는 아주 천천히 늘어났어요. 서기 1년에는 인구가 약 2억 5천만 명이었는데, 1950년이 지나서야 그 10배인 25억 명이 되었지요. 그런데 1960년대에 들어서면서 인구가 증가하는 속도가 점점 빨라지더니, 2024년에는 세계 인구가 82억 명을 넘어섰어요. 인구가 빠르게 증가한 이유는 기술의 발달로 사람들의 생활 수준이 높아졌기 때문이에요. 기계를 사용하여 과거보다 더 좋은 물건을 많이 생산할 수 있게 되었고, 농작물의 수확량도 늘어나 식량이 풍족해졌어요. 의학 기술이 좋아져 예전에는 고치지 못했던 질병들의 치료법이 개발되면서 사람들의 평균 수명이 길어졌어요.

어느 나라 인구가 가장 많나요?

순위	국가	인구
1위	인도	약 14억 6,386만
2위	중국	약 14억 1,609만
3위	미국	약 3억 4,727만
4위	인도네시아	약 2억 8,572만
5위	파키스탄	약 2억 5,521만
6위	나이지리아	약 2억 3,752만
7위	브라질	약 2억 1,281만
8위	방글라데시	약 1억 7,568만
9위	러시아	약 1억 4,399만
⋮		
29위	대한민국	약 5,168만

(2025년 세계 인구 순위(출처:KOSIS). 단위:명)

펭귄아, 어디 있어? 어휴, 사람이 너무 많아서 찾을 수가 없네.

1804년 10억
1927년 20억

화석 연료가 대체 뭐길래?

화석 연료는 수천만 년 전에 살았던 동식물이 땅속에 묻힌 채 오랜 시간에 걸쳐 화석처럼 바뀐 것을 말해요. 사람들은 이것을 연료로 사용하는데, 대표적으로 석탄, 석유, 천연가스가 있지요. 석탄은 1800년대에 기차와 공장의 연료로 쓰이며 산업의 발달을 이끌었어요. 석유와 천연가스는 1900년대부터 지금까지 집과 공장, 발전소 그리고 자동차 등에 널리 쓰이고 있고요. 과거에는 주로 유럽, 미국 등 선진국에서 화석 연료를 사용했는데, 최근에는 중국과 인도 같은 개발 도상국에서 많이 쓰고 있어요. 화석 연료는 사용할 때 온실가스인 이산화탄소가 엄청나게 발생하기 때문에 기후 변화를 일으키는 가장 큰 이유 중 하나예요.

중국
세계에서 화석 연료를 가장 많이 사용하는 나라예요. 빠르게 성장하는 경제와 많은 인구 때문에 중국의 화석 연료 사용량은 과거에 비해 크게 늘어났어요.

러시아
석유와 천연가스가 풍부한 나라로, 화석 연료 사용량이 세계 4위예요. 특히 서유럽 나라들은 러시아로부터 화석 연료를 많이 수입하고 있지요.

독일
인구가 많아 서유럽 나라들 중에서 가장 높은 이산화탄소 배출량을 기록하는 나라예요. 1990년대부터 재생 에너지를 꾸준히 개발하면서 그 양이 점차 줄고 있어요.

대한민국
우리나라의 화석 연료 사용량은 전 세계 나라 중 여덟 번째예요. 1년 동안 발생하는 이산화탄소의 대부분이 석탄과 석유에서 나와요.

사우디아라비아
엄청난 양의 석유가 땅속에 묻혀 있어요. 중동 지역에서 화석 연료를 가장 많이 사용하는 나라지요.

인도
석탄 매장량이 세계에서 네 번째로 높지만, 사용량이 많아 수입도 많이 해요. 인구가 늘고 경제가 발전하면서 지난 10년 동안 사용하는 석탄의 양이 2배나 많아졌어요.

남아프리카 공화국
아프리카 석탄은 대부분 남아프리카 공화국에서 나와요. 그래서인지 나라에서 사용하는 에너지 자원의 절반 이상이 석탄이지요.

호주
전 세계와 비교했을 때 호주 국내에서 소비하는 화석 연료의 양은 많지 않아요. 하지만 석탄과 천연가스를 다른 나라로 수출하면서 세계 이산화탄소 발생량에 영향을 주지요.

세계는 어떤 에너지 자원을 사용하나요?

이산화탄소 배출량을 줄이기 위해 여러 나라에서 수력, 풍력, 태양 에너지와 같은 재생 에너지의 사용을 늘리고 있어요. 하지만 여전히 화석 연료가 차지하는 비중은 높아요.

흠, 어디 한번 볼까?

- 수력 6.4%
- 풍력, 태양 에너지 등 기타 재생 에너지 8.1%
- 원자력 4.0%
- 석탄 26.5%
- 천연가스 23.3%
- 석유 31.7%

캐나다
세계에서 두 번째로 넓은 땅을 가지고 있어서 석유와 석탄을 비롯한 천연자원이 풍부해요. 그만큼 화석 연료 때문에 발생하는 이산화탄소의 양도 많은 나라 중 하나예요.

일본
화석 연료의 대부분을 외국에서 수입해요. 2011년 후쿠시마 원자력 발전소 사고로 원자력 발전이 멈추면서 석탄을 이용한 화력 발전이 잠시 늘어났어요. 그러나 2013년 이후로 그 양을 서서히 줄이고 있어요.

미국
1990년대에는 세계에서 가장 많은 이산화탄소를 배출하는 나라였어요. 지금도 여전히 중국 다음으로 높은 이산화탄소 배출량을 기록하고 있지요.

멕시코
최근 20년 동안 이산화탄소 배출량이 높은 나라 상위권에 머물러 왔어요. 주로 석유, 가스, 시멘트, 석탄 산업에서 이산화탄소를 내뿜고 있지요.

이렇게 보니 마치 지구 전체가 화석 연료로 움직이는 거대한 공장 같네.

※ 2023년 나라별 화석 연료 사용량

평생 마스크를 쓰고 살 순 없어요!

공장 굴뚝에서는 짙은 매연이 풀풀 날리고, 도로 위에 가득 찬 자동차는 배기가스를 내뿜어요. 매연과 배기가스에는 우리 몸에 해로운 물질들을 비롯해 이산화탄소와 같은 여러 온실가스가 들어 있어서 공기의 질이 나빠져요. 이것을 '대기 오염'이라고 하지요. 오염된 공기는 동식물과 자연환경에 좋지 않은 영향을 미칠 뿐만 아니라 온실가스와 함께 대기 중에 열을 가둬서 지구 온난화를 더 심하게 만들어요. 대기 오염 물질이 비나 눈과 만나 내리면서 바다와 토양에 피해를 주기도 하지요.

초미세 먼지

눈에 보이지 않을 만큼 아주 작은 먼지예요. 크기가 작은 탓에 사람의 호흡기에서 걸러지지 않고 폐를 통해 혈관까지 들어가지요. 초미세 먼지에는 여러 가지 중금속 같은 해로운 물질이 들어 있어서 감기, 천식 등의 호흡기 질병은 물론 심하게는 심장 마비나 뇌졸중을 일으킬 수도 있어요. 유럽 지역에서 대기 속에 숨어 있는 초미세 먼지를 들이마신 많은 사람들이 목숨을 잃었다고 해요.

중금속: 구리, 납, 수은, 철 등의 금속을 말해요. 사람의 몸에 해로운 독성을 지닌 물질이지요.

산성비

자동차와 공장, 도시에서 나오는 매연 속 오염 물질이 대기 중의 수증기와 만나면 산성을 띠는 산성비가 돼요. 산성비는 식물들에 피해를 줘서 숲을 망가뜨리고 농작물의 성장을 방해해요. 또 강과 바다를 산성화시켜 생태계 균형을 무너뜨려요. 건축물이나 역사적인 유적을 부식시키기도 하지요. 대기 오염 물질은 바람을 타고 날아가 다른 나라나 지역에서도 산성비가 되어 땅에 떨어져요.

스모그(Smog)

연기를 뜻하는 '스모크(Smoke)'와 안개를 뜻하는 '포그(Fog)'가 합쳐진 말로 '연무'라고도 해요. 대기 오염 물질이 안개와 섞여서 하늘이 온통 뿌옇게 보이는 현상이지요. 주로 대도시에서 많이 발생하고, 바람에 실려 가 엉뚱한 곳에 피해를 주기도 해요. 우리나라는 중국에서 발생하는 스모그에 큰 영향을 받고 있어요.

숲이 나무를 잃어버렸어요

나무는 이산화탄소를 먹고 산소를 뿜어내요. 그래서 숲은 대기 중의 온실가스가 늘어나는 것을 막는 슈퍼맨이지요. 오늘날의 도시들은 대부분 과거에 숲이었어요. 열대 기후 지역에 있는 커피 농장, 바나나 농장, 카카오 농장도 원래는 모두 숲이었고요. 하지만 사람들이 숲에서 나무를 베어 종이와 목재를 생산하고, 숲을 없앤 자리에 건물과 농장을 지으면서 숲은 점점 사라졌어요. 지난 100년 동안 지구에 있는 숲의 절반이 사라졌고, 지금도 세계 곳곳에서 숲이 망가지고 있어요.

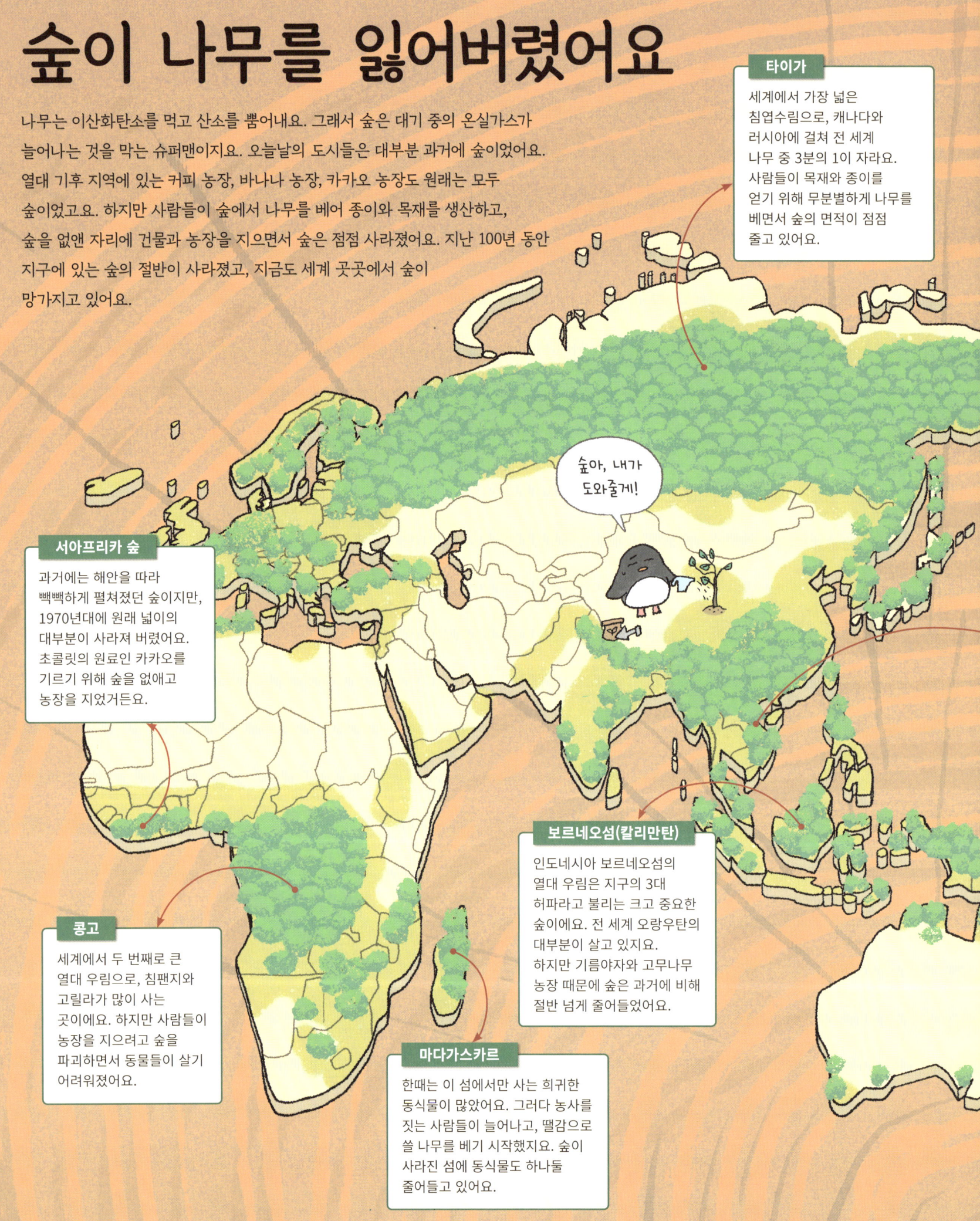

타이가
세계에서 가장 넓은 침엽수림으로, 캐나다와 러시아에 걸쳐 전 세계 나무 중 3분의 1이 자라요. 사람들이 목재와 종이를 얻기 위해 무분별하게 나무를 베면서 숲의 면적이 점점 줄고 있어요.

서아프리카 숲
과거에는 해안을 따라 빽빽하게 펼쳐졌던 숲이지만, 1970년대에 원래 넓이의 대부분이 사라져 버렸어요. 초콜릿의 원료인 카카오를 기르기 위해 숲을 없애고 농장을 지었거든요.

콩고
세계에서 두 번째로 큰 열대 우림으로, 침팬지와 고릴라가 많이 사는 곳이에요. 하지만 사람들이 농장을 지으려고 숲을 파괴하면서 동물들이 살기 어려워졌어요.

보르네오섬(칼리만탄)
인도네시아 보르네오섬의 열대 우림은 지구의 3대 허파라고 불리는 크고 중요한 숲이에요. 전 세계 오랑우탄의 대부분이 살고 있지요. 하지만 기름야자와 고무나무 농장 때문에 숲은 과거에 비해 절반 넘게 줄어들었어요.

마다가스카르
한때는 이 섬에서만 사는 희귀한 동식물이 많았어요. 그러다 농사를 짓는 사람들이 늘어나고, 땔감으로 쓸 나무를 베기 시작했지요. 숲이 사라진 섬에 동식물도 하나둘 줄어들고 있어요.

숲이 살아야 사람도 살아요

숲은 수많은 동식물이 살고 있는 곳으로, 생태계가 안정적으로 유지되는 데 큰 역할을 해요. 나무가 빗물을 흡수하고 지하수로 흘러가게 해서 물의 순환을 돕고, 땅속에 뻗은 뿌리들이 홍수와 가뭄, 산사태를 막아 주지요. 미세 먼지를 빨아들여 공기를 깨끗하게 하는 역할도 해요. 이처럼 숲은 지구의 모든 생명체가 살아가는 데 아주 중요한 곳이에요.

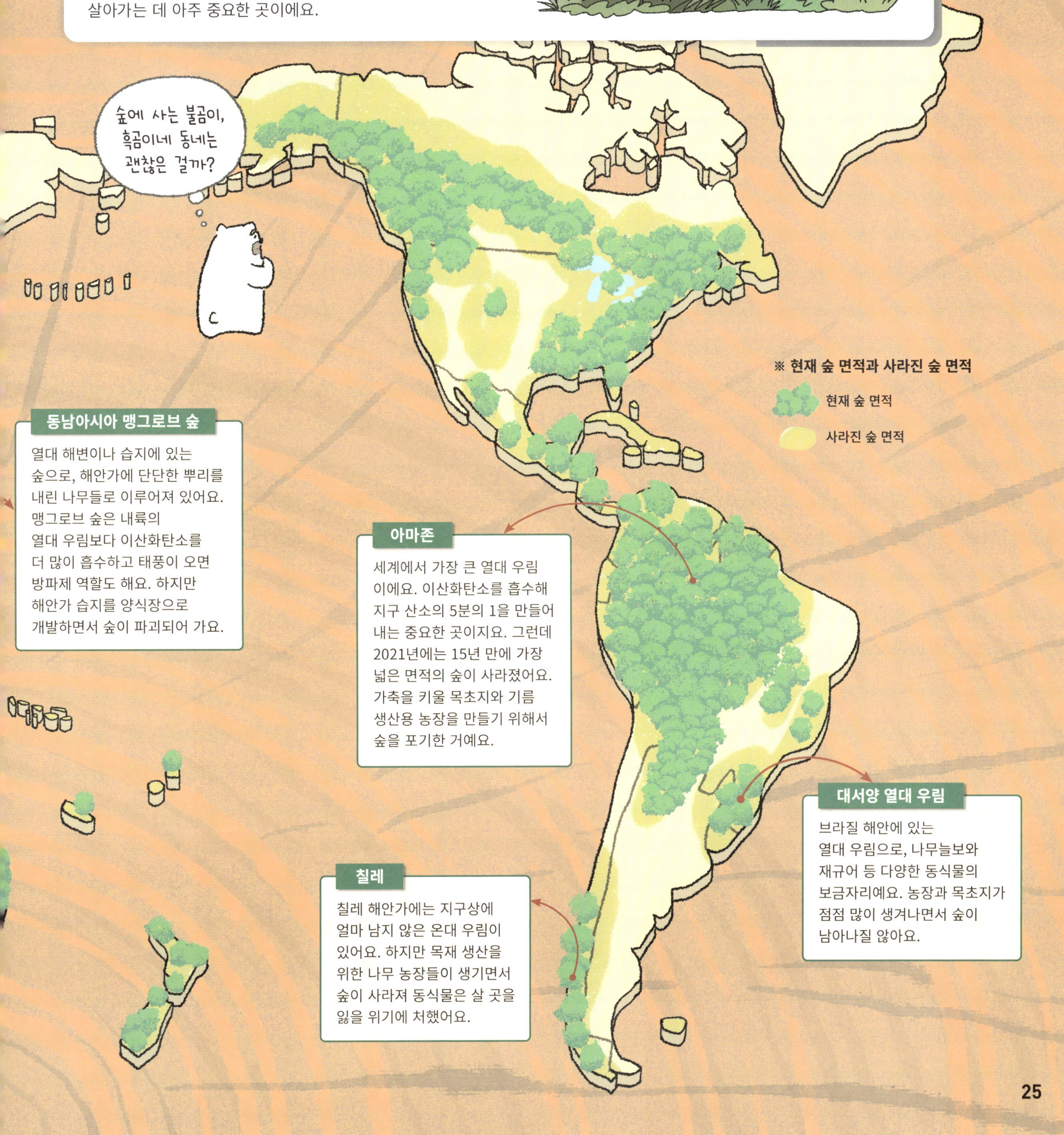

숲에 사는 불곰이, 흑곰이네 동네는 괜찮은 걸까?

※ 현재 숲 면적과 사라진 숲 면적
- 현재 숲 면적
- 사라진 숲 면적

동남아시아 맹그로브 숲

열대 해변이나 습지에 있는 숲으로, 해안가에 단단한 뿌리를 내린 나무들로 이루어져 있어요. 맹그로브 숲은 내륙의 열대 우림보다 이산화탄소를 더 많이 흡수하고 태풍이 오면 방파제 역할도 해요. 하지만 해안가 습지를 양식장으로 개발하면서 숲이 파괴되어 가요.

아마존

세계에서 가장 큰 열대 우림이에요. 이산화탄소를 흡수해 지구 산소의 5분의 1을 만들어 내는 중요한 곳이지요. 그런데 2021년에는 15년 만에 가장 넓은 면적의 숲이 사라졌어요. 가축을 키울 목초지와 기름 생산용 농장을 만들기 위해서 숲을 포기한 거예요.

대서양 열대 우림

브라질 해안에 있는 열대 우림으로, 나무늘보와 재규어 등 다양한 동식물의 보금자리예요. 농장과 목초지가 점점 많이 생겨나면서 숲이 남아나질 않아요.

칠레

칠레 해안가에는 지구상에 얼마 남지 않은 온대 우림이 있어요. 하지만 목재 생산을 위한 나무 농장들이 생기면서 숲이 사라져 동식물은 살 곳을 잃을 위기에 처했어요.

고기반찬을 먹으면 왜 안 되나요?

육류는 소고기, 돼지고기, 닭고기, 양고기와 같은 가축의 고기예요. 선진국 사람들은 옛날부터 육류를 즐겨 먹었어요. 중국이나 인도처럼 경제가 발전하는 나라에서도 육류 소비량이 계속 늘어나고 있지요. 그런데 가축의 트림이나 방귀에는 온실가스 중 하나인 메탄이 들어 있어서 지구 온난화의 주범이 돼요. 가축의 똥, 오줌이 분해되는 과정에서도 먼지와 온실가스가 나오고요. 가축은 기르고 고기를 소비하는 모든 단계에서 기후에 좋지 않은 영향을 끼쳐요. 가축을 기를 농장과 사료용 농작물을 재배할 농경지를 만들면서 숲이 파괴되고, 많은 양의 물과 비료를 사용하지요. 그뿐인가요, 육류를 가공하는 공장과 유통, 판매에 사용되는 교통수단 등에서도 에너지는 계속 소비돼요.

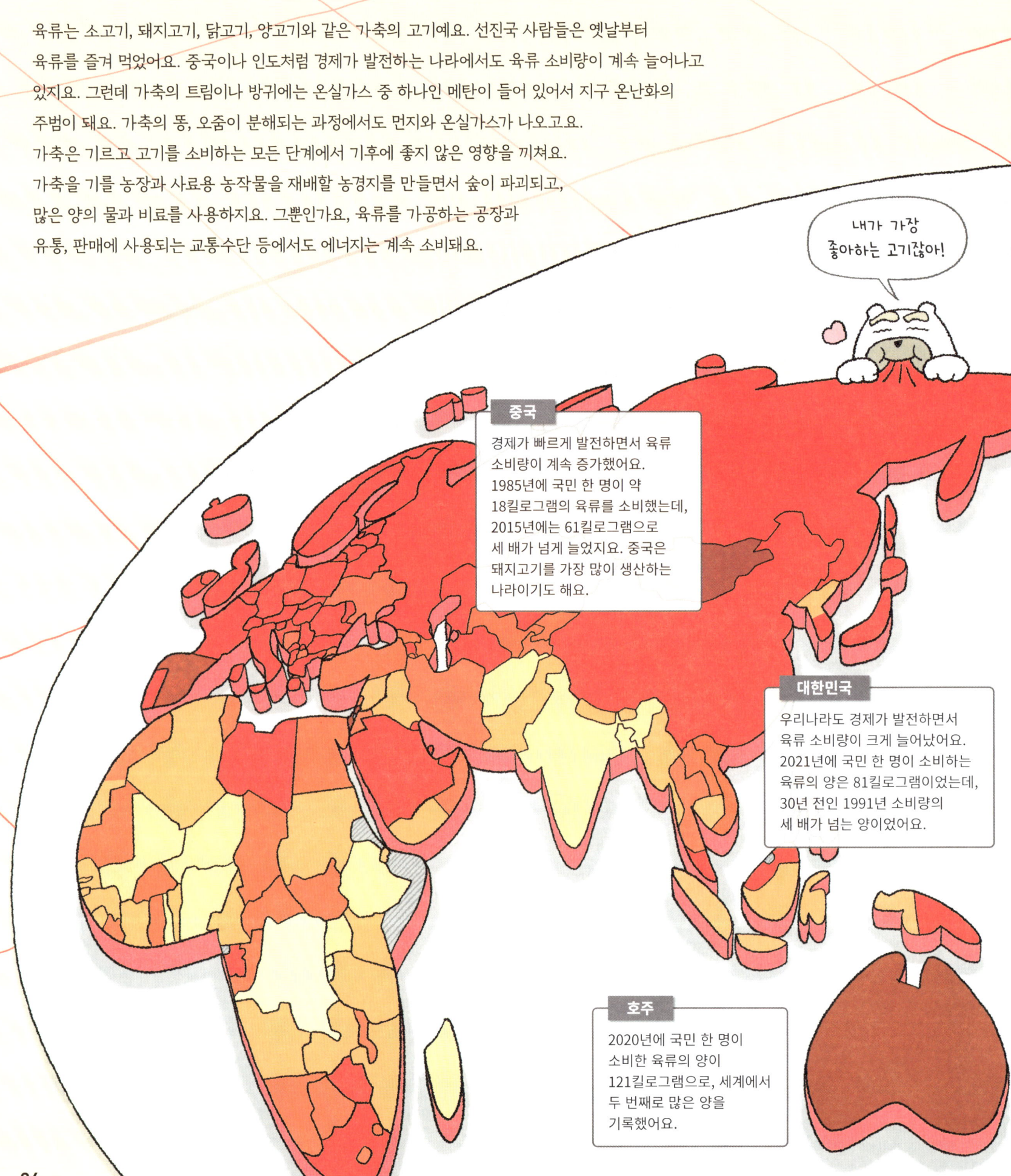

내가 가장 좋아하는 고기잖아!

중국
경제가 빠르게 발전하면서 육류 소비량이 계속 증가했어요. 1985년에 국민 한 명이 약 18킬로그램의 육류를 소비했는데, 2015년에는 61킬로그램으로 세 배가 넘게 늘었지요. 중국은 돼지고기를 가장 많이 생산하는 나라이기도 해요.

대한민국
우리나라도 경제가 발전하면서 육류 소비량이 크게 늘어났어요. 2021년에 국민 한 명이 소비하는 육류의 양은 81킬로그램이었는데, 30년 전인 1991년 소비량의 세 배가 넘는 양이었어요.

호주
2020년에 국민 한 명이 소비한 육류의 양이 121킬로그램으로, 세계에서 두 번째로 많은 양을 기록했어요.

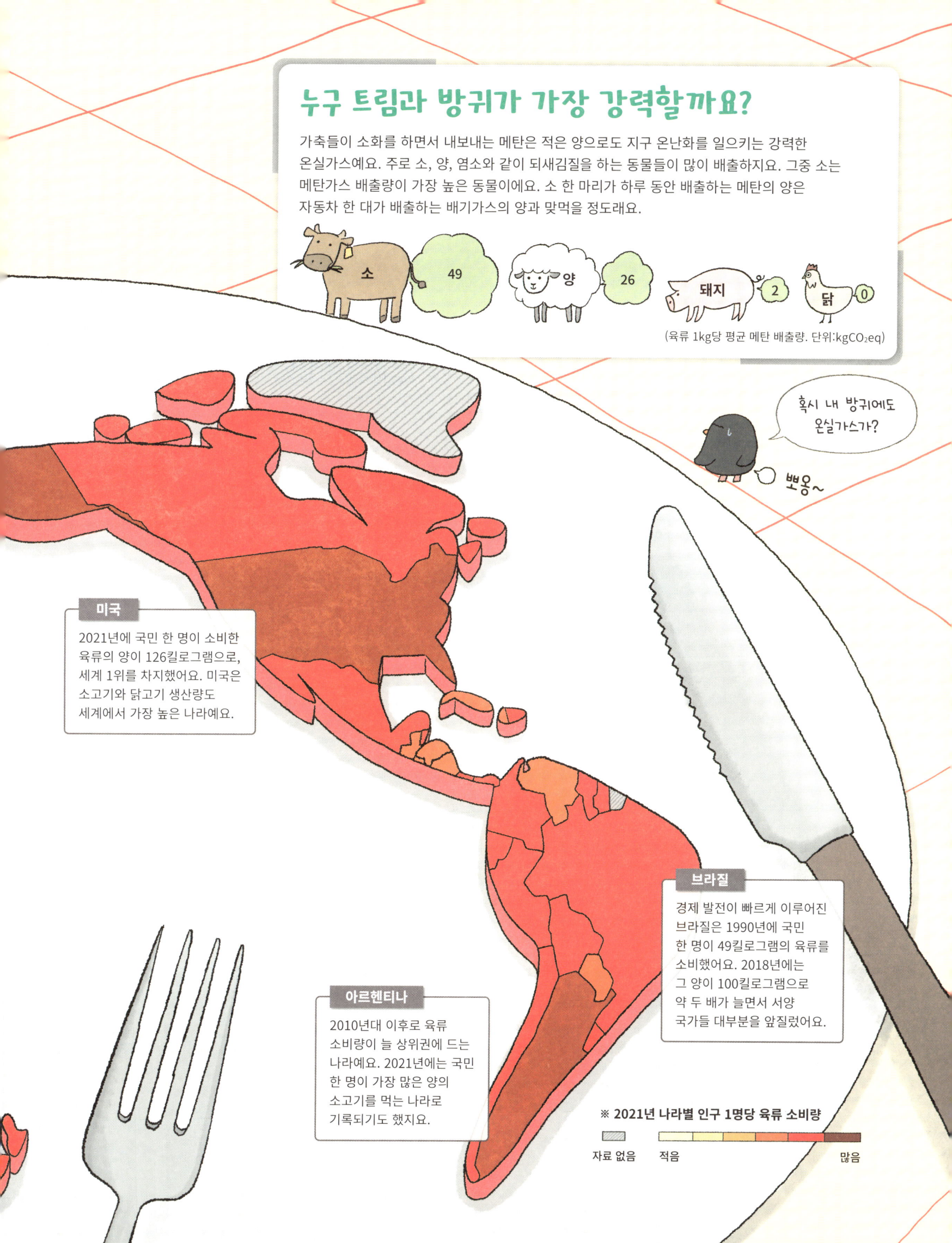

3

기후가 변하면 어떤 일이 일어날까?

우리가 몸이 아프면 열이 나서 체온이 오르지요. 기후 변화도 사람들의
활동으로 지구가 몸살이 나 기온이 높아지는 거예요. 그런데 몸에 열이 나면
다른 신체 기관도 영향을 받듯이, 지구의 기온이 오르는 것도 환경에 여러 가지
영향을 미쳐요. 바뀐 환경은 기후를 더 빠르게 변화시키는 원인으로
되돌아오기도 하지요. 꼬리에 꼬리를 물고 이어지는 환경 속에서 살아가는
모든 생물도 예전과는 다른 현상들을 마주하게 돼요.

날씨가 고장 났나 봐요

2022년 여름에는 100년 만에 가장 많은 비가 내려 서울 곳곳이 물에 잠기는 큰 피해를 입었어요. 2025년 강릉에서는 심한 가뭄으로 사람들이 쓰고 마실 물이 부족해졌지요. 이상한 날씨가 계속되는 것은 우리나라뿐만이 아니에요. 겨울인 12월에 미국 중서부 지역에서는 강한 눈 폭풍이 불어닥치는 한편, 동부에서는 기온이 섭씨 27도까지 오르기도 했어요. 영국에서는 섭씨 40도가 넘는 더위로 사람들이 열사병에 걸리고, 철길이 휘어져 열차가 서 버렸어요.

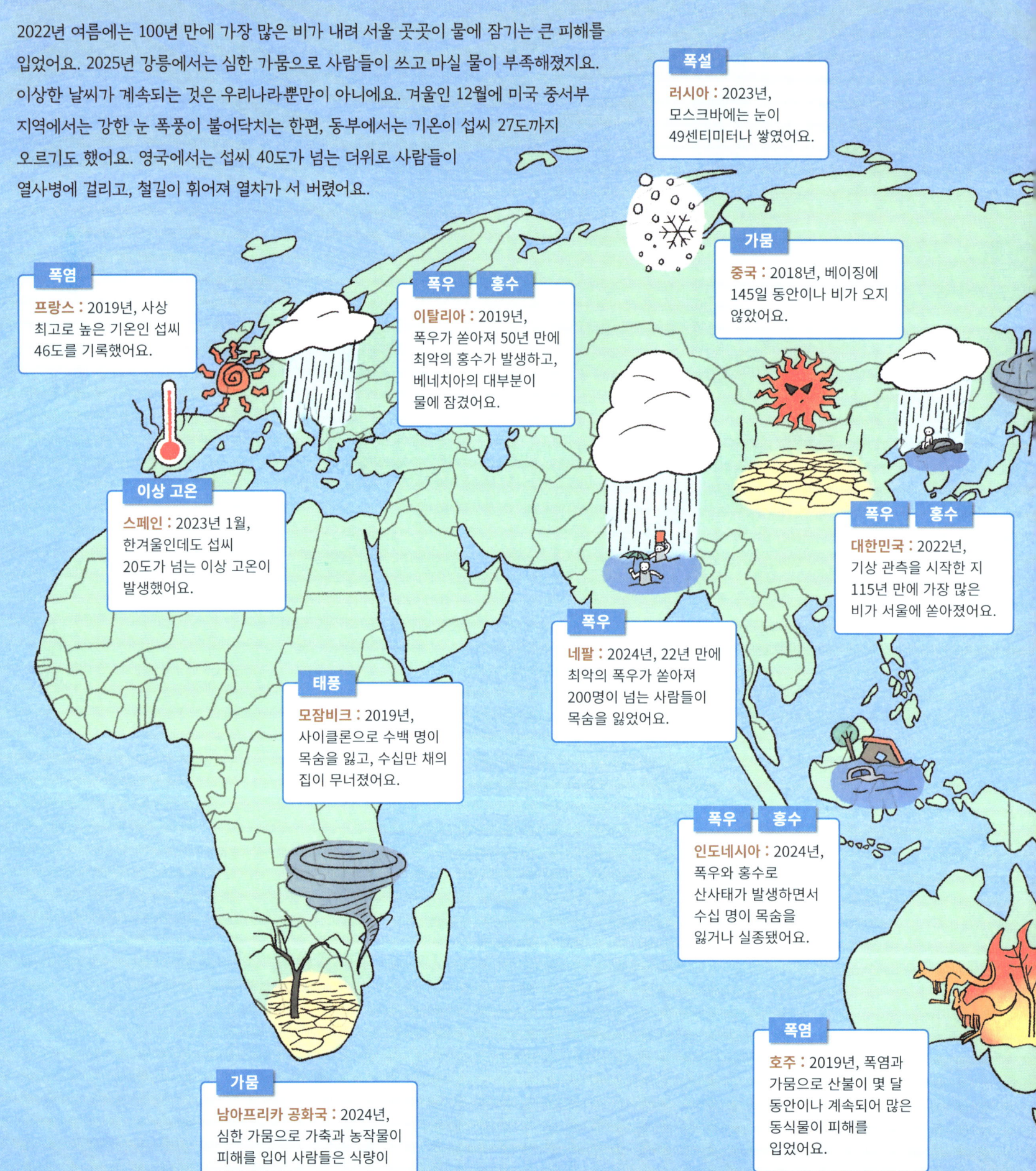

폭설
러시아 : 2023년, 모스크바에는 눈이 49센티미터나 쌓였어요.

폭염
프랑스 : 2019년, 사상 최고로 높은 기온인 섭씨 46도를 기록했어요.

폭우 홍수
이탈리아 : 2019년, 폭우가 쏟아져 50년 만에 최악의 홍수가 발생하고, 베네치아의 대부분이 물에 잠겼어요.

가뭄
중국 : 2018년, 베이징에 145일 동안이나 비가 오지 않았어요.

이상 고온
스페인 : 2023년 1월, 한겨울인데도 섭씨 20도가 넘는 이상 고온이 발생했어요.

폭우 홍수
대한민국 : 2022년, 기상 관측을 시작한 지 115년 만에 가장 많은 비가 서울에 쏟아졌어요.

태풍
모잠비크 : 2019년, 사이클론으로 수백 명이 목숨을 잃고, 수십만 채의 집이 무너졌어요.

폭우
네팔 : 2024년, 22년 만에 최악의 폭우가 쏟아져 200명이 넘는 사람들이 목숨을 잃었어요.

폭우 홍수
인도네시아 : 2024년, 폭우와 홍수로 산사태가 발생하면서 수십 명이 목숨을 잃거나 실종됐어요.

가뭄
남아프리카 공화국 : 2024년, 심한 가뭄으로 가축과 농작물이 피해를 입어 사람들은 식량이 부족해졌어요.

폭염
호주 : 2019년, 폭염과 가뭄으로 산불이 몇 달 동안이나 계속되어 많은 동식물이 피해를 입었어요.

우리나라가 찜통이 되어 가요

우리나라가 겪는 가장 대표적인 날씨 변화는 폭염이에요. 폭염은 하루 중 가장 높은 기온이 섭씨 33도를 넘는 매우 더운 날씨를 말해요. 우리나라의 폭염 발생일과 피해는 해가 갈수록 늘고 있어요. 2024년에는 처음으로 9월에도 폭염이 발생했고, 2025년에는 대구 등의 도시에서 섭씨 39도가 넘는 폭염이 이어졌어요.

폭설
캐나다 : 2020년, 하루에 76센티미터가 넘는 엄청난 양의 눈이 내렸어요.

태풍
일본 : 2019년, 태풍으로 이틀 동안 1300밀리미터의 비가 내려 수백 명의 사람들이 다치거나 목숨을 잃었어요.

한파 **폭설**
미국 : 2022년 겨울, 미국 중서부에서 발생한 강한 눈 폭풍으로 전기와 교통이 끊기고, 60명이 넘는 사람들이 목숨을 잃었어요.

폭염
쿠바 : 2023년 7월, 평균 기온이 섭씨 29.1도로 1951년 이후 역사상 가장 더웠던 7월로 기록됐어요.

으으, 여기 너무 더워.

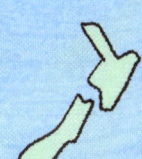
비상사태! 비상사태! 전 세계에서 이상한 날씨가 이어지고 있다!

폭우 **홍수**
볼리비아 : 2024년, 일주일 동안 계속된 폭우로 강물이 범람하면서 큰 홍수가 일어났어요.

폭염 **가뭄**
칠레 : 2017년, 폭염과 가뭄, 강한 바람으로 사상 최악의 산불이 발생했어요.

폭우
아르헨티나 : 2019년, 하루 동안 224밀리미터의 비가 내렸어요.

불이야, 불이야!

산불은 나무를 베고 숲을 농경지로 바꿔 농사를 짓는 과정에서 사람들의 실수로 발생하는 경우가 많아요. 그런데 최근에는 기후 변화로 기온이 높아지고 가뭄이 계속되어 산불이 더 자주, 오래 나고 있어요. 나무가 불에 타면 이산화탄소가 나오고, 기후를 더 빨리 변하게 하는 나쁜 순환이 계속 돼요. 과거 90년 동안 세계에서 일어난 대형 산불 중 대부분은 기후 변화가 심해진 2000년대 이후에 발생했어요. 과거에는 밤이 되면 공기가 차가워져 산불이 주춤했는데, 지구 온난화가 심해지고 나서는 밤에도 산불이 줄지 않아 불을 끄기가 더 어려워졌어요.

러시아 산불
2019년, 러시아 시베리아 지역에서 폭염과 건조한 날씨로 큰 산불이 발생했어요. 두 달에 걸쳐 숲이 불타면서 엄청난 양의 이산화탄소가 뿜어져 나왔어요.

그리스 산불
2018년 7월에 일어난 대형 산불로 수십 명이 목숨을 잃고, 수백 채가 넘는 집과 건물이 피해를 입었어요. 섭씨 40도가 넘는 폭염과 건조한 날씨, 강한 바람으로 불길이 빠르게 번졌어요.

호주 산불
날씨가 더 뜨거워지고 비가 적게 내리면서 산불이 잦아졌어요. 2019년 9월에 일어난 산불은 무려 여섯 달 동안이나 계속되었지요. 호주 숲은 잿더미가 되고, 10억 마리가 넘는 동물들이 목숨을 잃었어요.

세상이 바싹 타들어 가요

나무와 풀로 무성했던 땅이 메마르고 황폐한 땅으로 바뀌는 것을 '사막화'라고 해요. 지구 온난화로 긴 가뭄이 계속되는 중에 사람들이 땅 넓이에 비해 너무 많은 가축을 키우고 무리하게 농사를 지어서 땅이 영양분을 잃고 병들어 세상 곳곳이 사막처럼 변해 버렸어요. 농사지을 물을 끌어오면서 지하수나 강 또는 호수의 물이 말라 사막화가 더 심해지기도 해요. 지금도 전 세계 땅의 약 3분의 1에서 사막화가 진행되고 있어요.

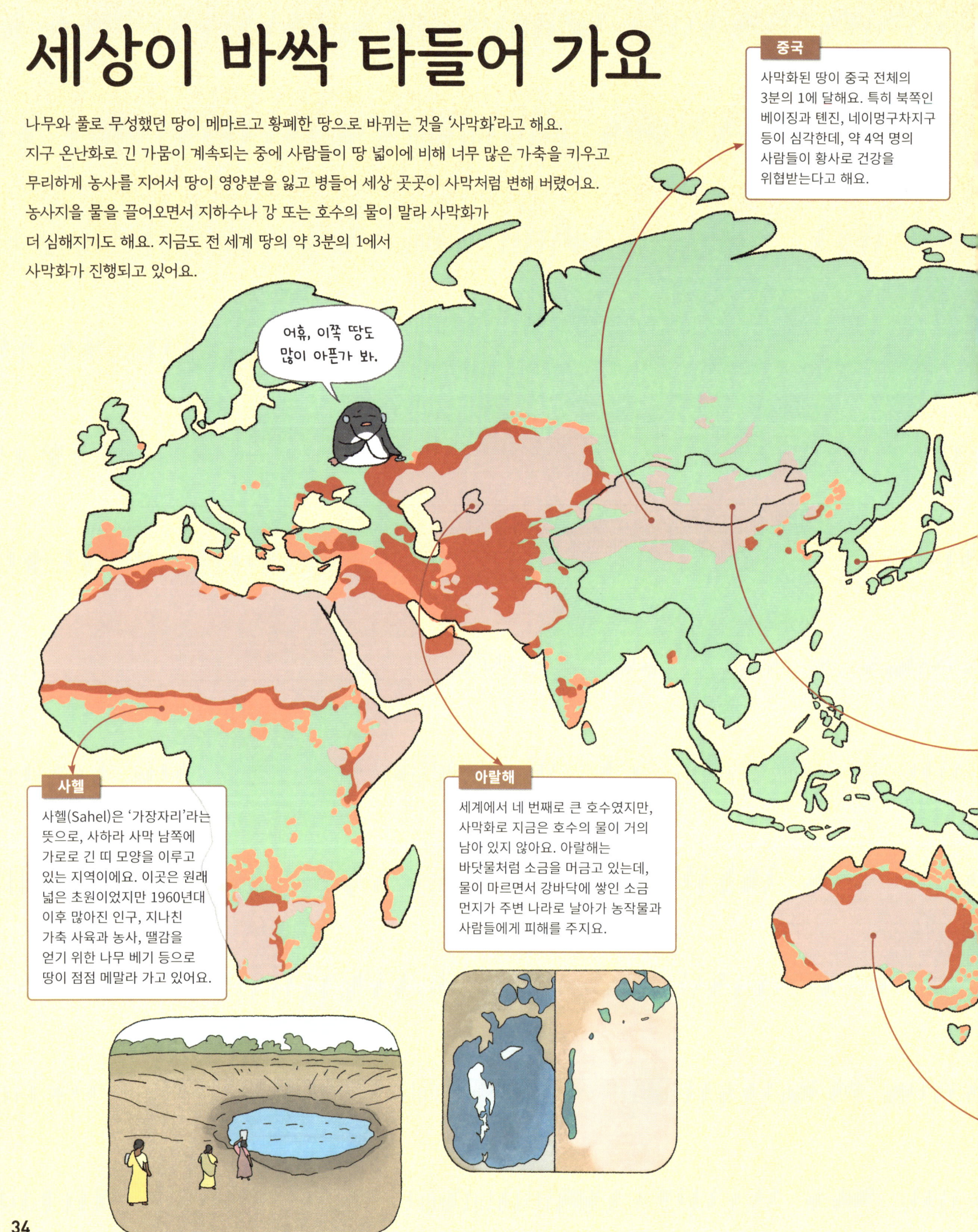

중국
사막화된 땅이 중국 전체의 3분의 1에 달해요. 특히 북쪽인 베이징과 텐진, 네이멍구차지구 등이 심각한데, 약 4억 명의 사람들이 황사로 건강을 위협받는다고 해요.

사헬
사헬(Sahel)은 '가장자리'라는 뜻으로, 사하라 사막 남쪽에 가로로 긴 띠 모양을 이루고 있는 지역이에요. 이곳은 원래 넓은 초원이었지만 1960년대 이후 많아진 인구, 지나친 가축 사육과 농사, 땔감을 얻기 위한 나무 베기 등으로 땅이 점점 메말라 가고 있어요.

아랄해
세계에서 네 번째로 큰 호수였지만, 사막화로 지금은 호수의 물이 거의 남아 있지 않아요. 아랄해는 바닷물처럼 소금을 머금고 있는데, 물이 마르면서 강바닥에 쌓인 소금 먼지가 주변 나라로 날아가 농작물과 사람들에게 피해를 주지요.

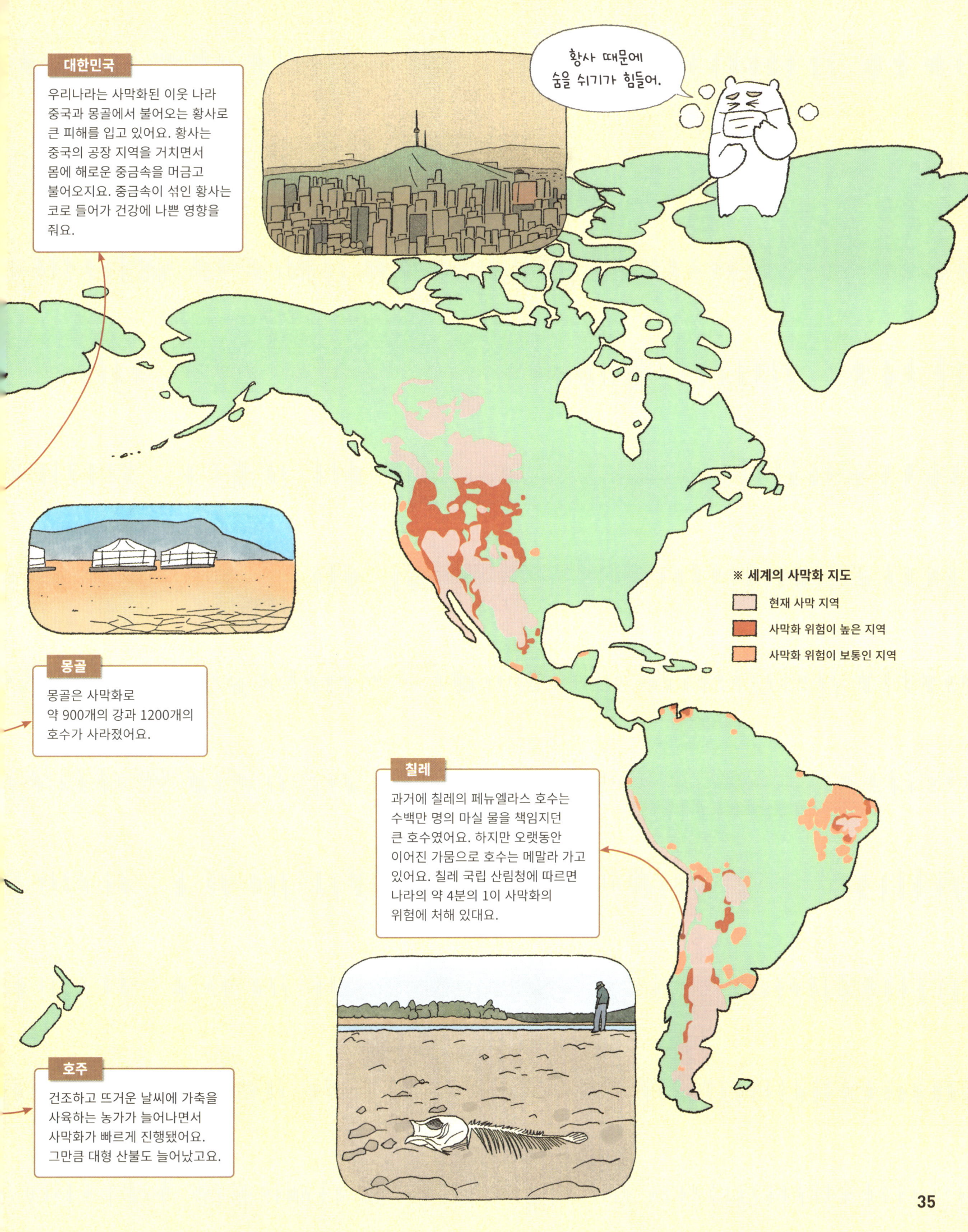

도시가 물에 잠겨요

얼음은 주변 온도가 오르면 녹아서 물이 되지요. 지구 온난화도 남극 대륙과 그린란드 땅 위에 있는 얼음을 빠른 속도로 녹게 해요. 녹아내린 얼음은 바다로 흘러 들어가고, 바닷물의 양이 점차 많아져요. 바다의 표면을 '해수면'이라고 하는데, 이 해수면이 높아지는 거예요. 그래서 지구 곳곳에서는 물에 잠기는 곳들이 생겨나요. 남태평양 바다에 있는 작은 섬들로 이루어진 나라 투발루는 해수면이 높아지면서 20년 동안 섬 두 곳이 사라졌어요. 다른 나라의 항구나 해수욕장, 해안가 마을도 피해를 입을 수 있어요.

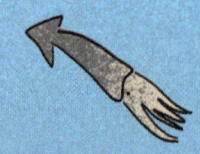

우리나라도 바닷물이 차올라요

과거 30년 동안 우리나라의 해수면은 약 9센티미터나 높아졌어요.

강릉의 한 해변은 해수면이 상승하면서 산책로가 사라졌어요. 강한 파도에 해변의 모래가 쓸려 내려가 주변 도로나 해안이 더 무너질 수도 있어요.

제주도의 용머리 해안은 원래 있던 산책로가 물에 잠겨 콘크리트로 새 산책로를 덧씌웠어요. 그런데도 해수면이 계속 높아져 지금은 자유롭게 산책로를 이용할 수 있는 날이 1년에 39일 정도밖에 안 돼요.

안 돼, 난 아직 한 번도 못 가 본 곳들이라고!

바다가 병이 났어요

바다는 이산화탄소를 흡수해서 바닷속 깊은 곳에 저장하는 중요한 창고 역할을 해요. 하지만 사람들의 활동으로 대기 중의 이산화탄소가 늘어나면서 바다에서는 이산화탄소를 전부 다 받아들이기 힘들어졌어요. 결국 바닷물이 식초처럼 산성을 띠는 '산성화'라는 병에 걸리고 말았지요. 바닷물이 산성화가 되면 조개, 새우와 같은 생물들은 껍데기가 물렁물렁해져서 살 수 없게 돼요. 그뿐만이 아니에요. 바닷속 생물들의 먹이인 플랑크톤이 줄어들고, 물고기들은 뇌와 신경계가 망가져서 방향을 바꾸는 능력이 떨어질 수 있어요.

3 바닷속 작은 플랑크톤들이 산성화된 바다에 적응하지 못해 줄어들면 플랑크톤을 먹고 사는 물고기들도 점점 줄어들 거예요.

4 산호가 자라는 데 필요한 탄산 칼슘이 부족해져 산호초가 파괴되고, 하얗게 변하며 죽어 가는 백화 현상이 일어나요.

5 조개, 새우, 게와 같이 단단한 몸을 가진 바다 생물들의 껍데기가 흐물흐물 녹아내려요.

북극곰네 집이 사라진대요

빙하는 육지를 덮고 있는 얼음덩어리예요. 남극 지방과 그린란드에는 대륙 빙하가 많고, 히말라야산맥처럼 높은 산에도 있어요. 북극 지방의 북극해도 얼음으로 덮여 있지요. 빙하는 햇볕을 반사해 지구의 기온을 낮게 유지해 줘요. 그런데 지구 온난화로 내리는 눈의 양보다 녹는 얼음의 양이 더 많아지고 있어요. 빙하가 사라지면 반사하는 햇볕의 양이 줄어 지구상의 얼음이 더 빨리 녹게 돼요. 게다가 빙하 깊은 곳에는 오랜 옛날에 죽은 동식물이 묻혀 있는데, 빙하가 녹으면서 공기와 만나 썩기 시작해요. 이 과정에서 발생하는 온실가스가 지구를 한층 더 뜨겁게 만들지요.

북극과 남극의 얼음에는 차이가 있어요

북극 지방은 대부분 북극해라는 바다예요. 바닷물이 얼어서 생긴 얼음인 해빙으로 덮여 있지요. 해빙은 이미 바다 위에 떠 있기 때문에 녹더라도 해수면의 높이에는 큰 영향을 주지 않아요. 하지만 줄어든 얼음의 양만큼 반사하는 햇볕의 양이 줄어 지구 온난화가 심각해져요.

남극 지방은 북극과 달리 육지예요. 남극의 얼음은 땅 위에 쌓여 있고, 북극의 얼음보다 훨씬 많지요. 과학자들은 남극 대륙의 얼음이 모두 녹아 바다로 흘러들면 지구의 해수면이 무려 66미터나 높아질 거래요.

4
우리가 바로 지구를 구할 슈퍼 히어로

지구의 기후 변화는 결국 기후 위기가 되었고, 오늘날 모든 생물에게 위협이 되고 있어요. 우리가 이 위기에서 벗어나려면 모두가 힘을 합쳐야만 해요. 유엔과 같은 국제기구는 세계 여러 나라의 힘을 모아 기후 변화에 대처하는 데 앞장서고 있어요. 나라와 기업 들은 환경에 나쁜 영향을 주지 않도록 여러 가지 제도와 목표를 세우지요. 하지만 무엇보다도 우리 한 사람 한 사람이 기후 문제에 관심을 갖고 환경을 지키는 일들을 찾아 실천하는 것이 중요해요. 이렇게 모두가 나서면 분명 기후 위기를 물리치고 지구를 구할 수 있을 거예요.

세계가 함께 약속해요

기후 변화로 인한 피해는 기후 문제에 대처할 능력이 없는 가난한 나라에서 훨씬 크게 나타나요. 기후가 지금처럼 빠르게 변한다면 앞으로 더 많은 사람들이 피해를 입게 된다는데, 그중 대부분이 가난한 나라 사람들일 거라고 해요. 기후 변화는 어느 한 나라만 노력한다고 해서 해결할 수 있는 문제가 아니에요. 그래서 세계 여러 나라들이 모여 기후 변화를 늦추고 탄소 중립을 실현하기로 약속하고 있어요. '탄소 중립'이란, 발생하는 이산화탄소의 양만큼 흡수할 수 있는 방법을 세워 대기 중의 이산화탄소가 더 이상 많아지지 않는 것을 말해요. 지구 온난화를 막기 위해 전 세계가 함께 이루어야 하는 중요한 과제 중 하나지요.

이것 봐! 전 세계 사람들이 기후 위기를 함께 극복하자고 약속하고 있어.

여러 나라들이 모여 약속했어요

1972년 스웨덴 스톡홀름, 유엔 인간 환경 회의
지구 환경 문제에 관해 처음으로 열린 국제회의예요. '오직 하나뿐인 지구'를 주제로 113개 나라가 참석했어요. 환경 문제를 다루는 기구인 유엔 환경 계획을 만들고, 회의가 열린 6월 5일을 '세계 환경의 날'로 지정했어요.

1992년 브라질 리우데자네이루, 유엔 환경 개발 회의(리우 선언)
환경을 지키면서도 발전을 계속 할 수 있는 방법을 의논하고자 열린 국제회의예요. 환경과 개발을 위한 27개 원칙을 담은 '리우 선언'이 유명하지요. 생물 다양성 협약, 기후 변화 협약 등 여러 가지 국제적인 약속도 만들어졌어요.

1997년 일본 교토, 기후 변화 협약(교토 의정서)
온실가스를 많이 배출하는 선진국들에게 여섯 가지 온실가스를 정해진 기준만큼 줄이도록 했어요. 하지만 37개 선진국들에게만 이를 지키도록 해서 불만을 갖는 나라도 있었지요.

2015년 프랑스 파리, 기후 변화 협약 당사국 총회(파리 협정)
교토 의정서를 대신하는 새로운 기후 협약으로, 지구의 평균 기온이 1.5도보다 더 오르지 않도록 하는 것이 목표예요. 선진국들에게만 온실가스를 줄이도록 했던 교토 의정서와는 달리, 참가한 195개 나라 모두가 함께 참여하기로 했어요.

2021년 스코틀랜드, 글래스고 기후 합의
파리 협정대로 지구의 평균 온도가 1.5도 이상 오르지 않도록 다시 한번 목표를 세웠어요. 화석 연료의 사용을 줄이면서 전 세계가 2050년까지 탄소 중립을 실현하기로 약속했어요.

우리나라도 열심히 노력해요

우리나라는 재생 에너지 비율을 지금의 약 2배까지 끌어 올리는 게 목표예요. '재생 에너지'란 온실가스가 적게 발생하고 자원이 고갈되지 않아 지구 온난화를 늦출 수 있는 에너지를 말해요. 태양빛과 열을 이용하는 태양열·태양광 발전, 땅속의 열을 이용하는 지열 발전, 바람의 힘을 이용하는 풍력 발전, 밀물과 썰물의 차이를 이용하는 조력 발전 등이 있지요. 우리나라 도시들은 각 지역 특성에 따라 재생 에너지 발전 시설을 세우고, 기업과 사람들이 환경을 보호하도록 제도를 만들어 지원하고 있어요.

재생 에너지 1등은 어느 나라일까요?

재생 에너지를 활발하게 만들고 사용하는 나라들이 있어요. 대부분 사람들이 생활 수준이 높고 발전한 유럽의 나라들이에요. 우리나라는 우선 유럽만큼 재생 에너지 비율을 늘리는 것이 목표예요.

- 아이슬란드 : 100.0
- 오스트리아 : 79.5
- 캐나다 : 68.2
- 스웨덴 : 67.4
- 영국 : 41.9
- 독일 : 41.7
- 호주 : 29.5
- 중국 : 28.8
- 프랑스 : 23.6
- 일본 : 21.8
- 대한민국 : 8.3

(2021 주요 나라별 발전량 중 재생 에너지 비율. 단위:%)

각 도시마다 특성과 환경에 맞추어 기후 위기에 대처하고 있구나.

서울
태양광 발전이 되는 건축 재료(건물형 태양광)로 건물을 지어 전기 요금을 줄이고, 친환경적인 에너지를 사용하도록 지원해요.

경기
기업들에게 맞춤형 에너지 진단을 해 주고, 효율적인 에너지 사용을 위한 비용을 지원해요. 또 '스마트그린 산업 단지'를 만들어 기업들이 에너지를 친환경적으로 생산해 사용하도록 도와요.

강원
우리나라에서 풍력 발전기가 개수도, 발전량도 가장 많은 지역이에요. 앞으로 수소 도시를 세우고 연료 전지 발전 시설도 만들 예정이지요.

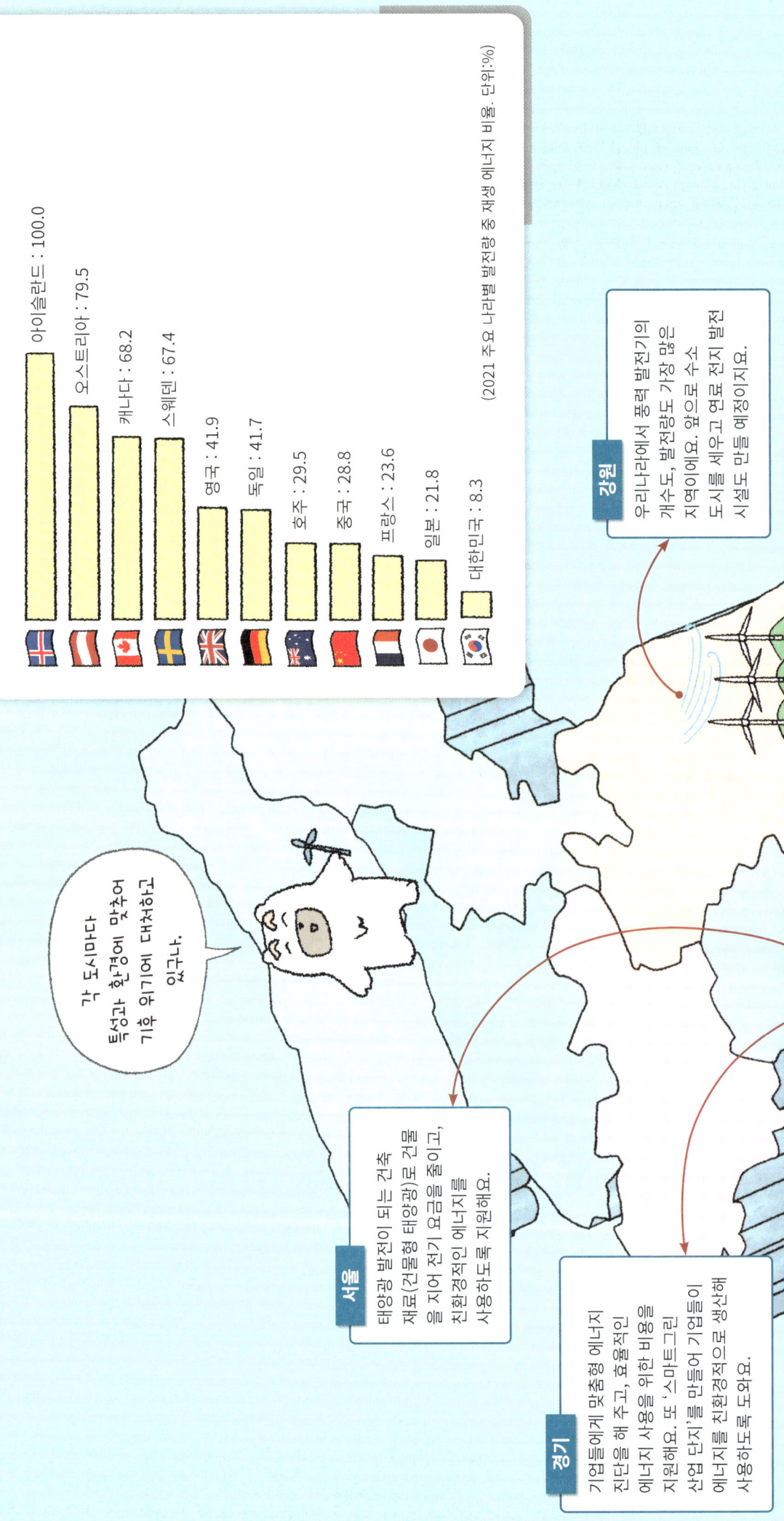

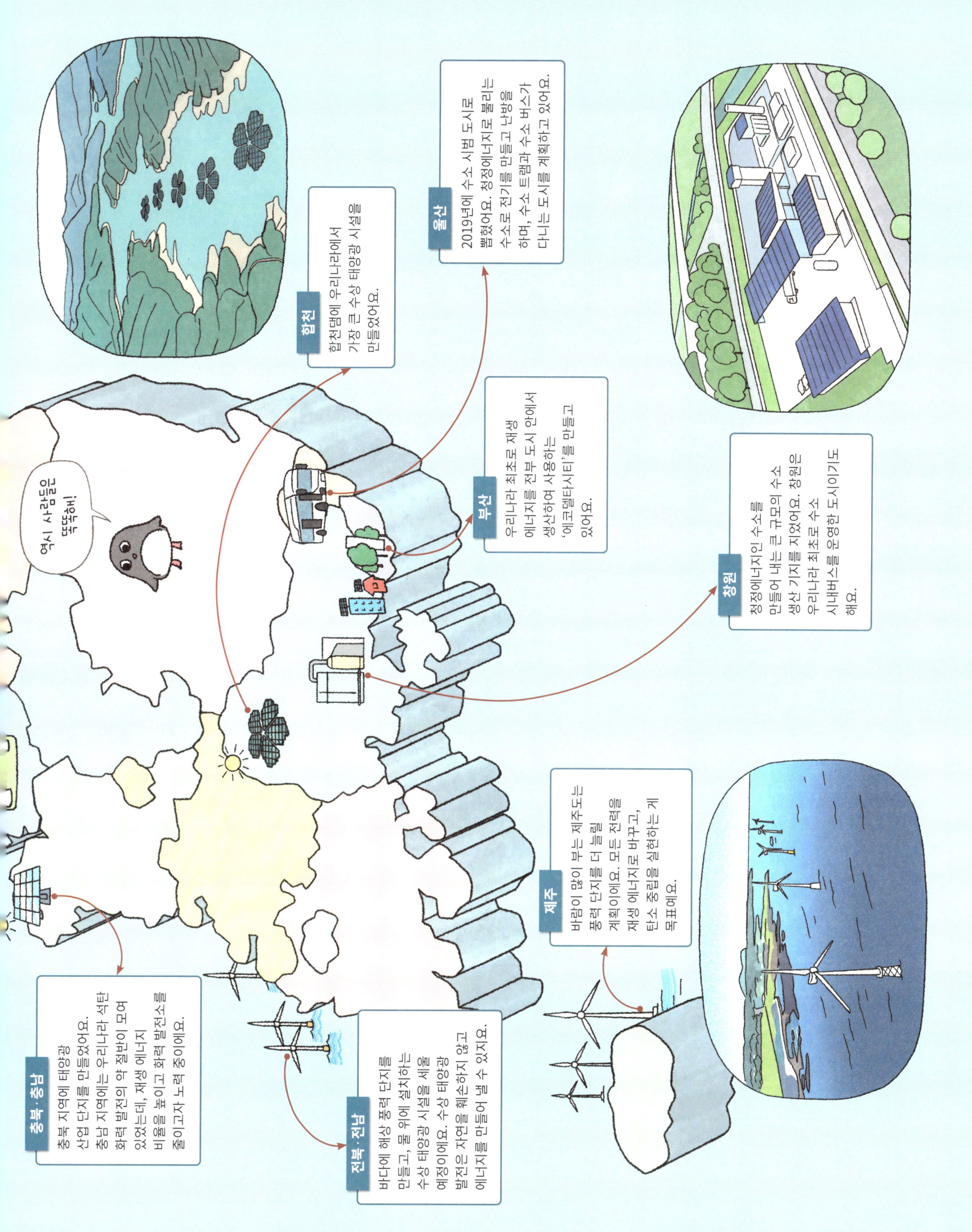

나도 할 수 있어요

어린이들이 안전하게 살 수 있는 지구를 만들기 위해 나라와 기업, 어른들은 기후 변화를 막으려고 노력하고 있어요. 그렇다면 어린이들은 무엇을 할 수 있을까요? 종이컵 대신 머그 컵을 쓴다거나 쓰레기를 분리해서 버리는 것 정도는 어린이도 할 수 있어요. 아무것도 아닌 것 같아도 작은 행동들이 모이면 기후 위기 걱정 없는 건강한 세상을 만들 수 있지요.

동물들은 인간 어린이들에게 편지를 썼어요.

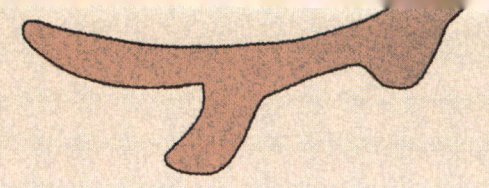

- 어린이 친구들에게 -

안녕? 우리는 세계 곳곳에 살고 있는 동물들이야.
북극과 남극에도 있고, 바닷속에도, 열대 우림에도 있지.
그런데 지구가 점점 살아가기 힘든 환경이 되고 있어.
이 모든 게 기후 위기 때문이래.

기후 위기는 우리 동물들에게만 위험한 게 아니라
지구의 모든 생명체에게 영향을 주는 큰 문제야.
그래서 기후 변화를 막는 건 미래를 위해 꼭 필요한 일이란다.

어린이 친구들아,
모두가 행복하게 살 수 있는 지구를 만들기 위해서
기후 문제에 관심 가져 줄 수 있겠니?

친구들이 작은 일 하나라도 지금부터 꾸준히 노력해 준다면
지구는 반드시 건강해질 수 있을 거야.

친구들은 똑똑해서 잘 해낼 거야. 너희만 믿는다!

- 세계 동물 연합

글 조지욱

고등학교에서 지리와 통합사회를 가르치고 있습니다. 틈틈이 지리를 확장해 창의적 사고로 이끄는 청소년과 어린이를 위한 책을 쓰고 있습니다. 대표 저서로 《문학 속의 지리 이야기》, 《지리 샘과 함께하는 시간을 걷는 인문학》, 《동에 번쩍 서에 번쩍 세계 지리 이야기》, 《도시 대 도시! 맞짱 세계 지리 수업》, 《우리 땅 기차 여행》, 《전국 팔도 지리 자랑》, 《똥 지리다》, 《그림으로 보는 기후 말뜻 사전》, 《지도를 따라가요》 등이 있고, 집필한 학습 도서로는 《중학교 사회》, 《고등학교 세계 지리》 교과서와 《EBS 수능 특강 세계 지리》, 《EBS 수능 완성 세계 지리》 등이 있습니다.

그림 김미정

대학에서 디자인을 공부했고, 대학원에서는 미술 교육을 공부했습니다. 현재 그림 작가 일과 책 디자인 일을 하고 있습니다. '그림 작가'라는 호칭이 어울리는 작가가 되고 싶습니다. 그린 책으로는 《청소년, 선거의 주인이 되어 볼까?》, 《전교생 사자성어》, 《달은 남산을 어떻게 찾아갈까?》, 《한국 지리 컬러링북, 지식을 입히다》, 《세계 지리 컬러링북, 지식을 그리다》가 있고, 디자인한 책으로는 《여기, 부탄》, 《방바닥으로 떨어진 머리카락이》, 《입 없는 아이》 등이 있습니다.

추천 최재철

서울대 불문학과를 졸업하고 1990년대 초부터 외교부 환경과학과장과 심의관, 국제경제국장, 주 OECD 차석대사 등을 역임했습니다. 기후변화대사로서 2015년 파리 협정 협상 수석대표를 담당했으며, 기후 변화 협약과 생물 다양성 협약, 바이오 안전성 의정서, 런던 협약, 몬트리올 의정서 등 여러 국제 환경 협약에 참가한 환경 외교 전문가입니다. 2025년 1월부터 '재단법인 기후변화센터' 이사장으로 활동하고 있습니다.

추천 환경과생명을지키는전국교사모임

환경 문제와 환경 교육에 관심을 가진 전국 각 지역 유치원·초·중등 교사들의 자발적인 네트워크로서, 1995년에 창립하였습니다. 21세기 생태 위기 극복을 위한 생태론적인 교육(녹색 교육)의 필요성을 널리 알리는 것이 목표입니다. 이를 위해 학교 환경 교육, 생태 기행, 환경 교육 프로그램 및 교재와 교구 제작과 활용, 전국 환경 교사 연수, 세계 여러 나라의 환경 교육 현장 방문, 사회 실천 활동 등을 활발히 벌여 나가고 있습니다.

1판 1쇄 발행 2025년 3월 31일 | 1판 2쇄 발행 2025년 10월 27일
글 조지욱 | 그림 김미정 | 추천 최재철·환경과생명을지키는전국교사모임
펴낸이 이재일 | 책임 편집 고은하 | 본문 디자인 이진숙·표지 디자인 김유진
편집·디자인 한귀숙, 김채은, 진원지 | 제작·마케팅 강백산, 강지연, 김주희
펴낸곳 토토북 | 출판등록 2002년 5월 30일 제2002-000172호
주소 04034 서울시 마포구 잔다리로7길 19, 명보빌딩 3층
전화 02-332-6255 | 팩스 02-6919-2854 | 홈페이지 www.totobook.com
전자우편 totobooks@hanmail.net | 인스타그램 totobook_tam

ISBN 978-89-6496-529-0 73300

ⓒ 조지욱, 김미정 2025

- 이 책은 저작권법에 의해 보호를 받는 저작물이므로 무단 전재 및 무단 복제를 금합니다.
- 이 책 내용의 전문 또는 일부를 사용하시려면 저작권자와 출판사의 동의를 반드시 얻어야 합니다.
- 잘못된 책은 구입하신 곳에서 바꾸어 드립니다.

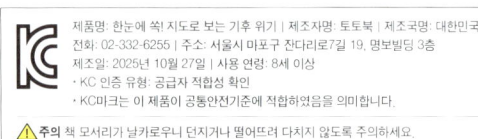